LE MEILLEUR GOUVERNEMENT,

PLAIDOYERS,

OU L'ON COMPARE L'ÉTAT POPULAIRE, L'OLIGARCHIE
ET LA MONARCHIE;

COMPOSÉS EN 1778,

PAR JEAN-FÉLICISSIME ADRY,

Et qui furent prononcés par les Écoliers de Rhétorique, dans
la Salle des Actes du Collége de TROYES-PITHOU,

Le 18 août, jour de la distribution solennelle des Prix,

EN PRÉSENCE DE M. LE DUC D'AUMONT.

PARIS,

A. ÉGRON, IMPRIMEUR-LIBRAIRE,
rue de Noyers, n° 37.

A. DELALAIN, IMPRIMEUR-LIBRAIRE,
rue des Mathurins, n° 5.

M. DCCC. XVI.

LE MEILLEUR GOUVERNEMENT,

PLAIDOYERS.

Jᴀᴍᴀɪs délibération ne fut plus importante que celle d'un peuple devenu libre, après l'extinction de la famille royale, et par la mort du tyran qui en avoit usurpé le pouvoir; d'un peuple rentré dans tous ses droits, et qui examine s'il exercera sa puissance par lui-même ou par un sénat, ou s'il continuera de la déposer entre les mains d'un seul homme. L'histoire de Perse nous fournit l'exemple d'une semblable délibération, et ce sera le sujet de ces Plaidoyers.

Le mage connu sous le nom de *Tanioxare,* ou du faux *Smerdis,* ayant régné sept mois, sans qu'on sût qui il étoit, son imposture fut découverte. Sept des premiers seigneurs de la Perse conspirèrent contre lui, et délibérèrent, après l'avoir tué, sur l'espèce de gouvernement qu'ils devoient établir dans leur patrie.

(4)

A ce récit, qui est fidèlement extrait du troisième livre d'*Hérodote*, nous ajoutons la circonstance suivante : comme ils étoient convenus de s'en rapporter au jugement de *Gobrias*, qui avoit donné le premier coup au tyran, trois d'entr'eux font valoir, en sa présence, les avantages des différentes espèces de gouvernement.

PERSONNAGES.	ACTEURS.
GOBRIAS, juge.	JEAN-MARIE-ETIENNE BRULLEY, de Sésane.
OTANES, fils de PHARNASPE, parle pour l'état populaire.	JEAN-BAPTISTE-ANDRÉ GUIBOUT, de Paris.
MÉGABYSE, pour l'aristocratie, ou l'oligarchie.	DENIS SOUFFLOT DE MAGNY, d'Auxerre.
DARIUS, fils d'HYSTASPE, pour la monarchie.	LOUIS-FRANÇOIS GROSLEY, de Troyes.

La scène est à Suse, dans le Palais des Rois de Perse.

(5)

Petrus Pithœus Thuano.

« Eam exercitationem (declamationes et suasoria) à nostris repeti cuperem, iisdem illis legibus quas optimi magistri toties sanxerunt, ut esset, quantùm potest, ad veritatem accommodata declamatio, non ad solam composita voluptatem, meminissentque juvenes iis se veluti præpilatis ad verum discrimen aciemque justam instrui. » ·

Lettre de Pierre Pithou à M. de Thou.

« *Je désirerois que ce genre d'exercices (les décla-mations et les suasoires), fût rétabli parmi nous, en observant les règles que nous donnent si souvent les grands maîtres de l'éloquence, et qui consistent à ne point se borner à des sujets inventés à plaisir, mais à en traiter qui aient quelque fondement dans l'histoire. Les jeunes gens doivent les regarder comme une espèce d'escrime qui les préparera à une véritable attaque et à un combat en règle.* »

Nota. Ce qui précède fut imprimé dans le temps, en forme de programme. Nous donnons aujourd'hui les plaidoyers, et nous pouvons assurer qu'ils sont tels qu'ils ont été prononcés en 1778, si on en excepte de légères corrections, qui se montent à peine à une trentaine de lignes. Je fais cette remarque, parce que plusieurs personnes qui ont lu mon manuscrit à différentes épo-ques, avoient peine à se persuader que la composition de ces plaidoyers fût antérieure d'environ quinze ans aux tristes événe-mens.... dont nous avons été les témoins.

DISCOURS PRÉLIMINAIRE

DU JUGE.

———

ENFIN la Perse est délivrée; un infâme usurpateur vient de laver dans son sang l'affront qu'il venoit de faire au trône de Cyrus, et tous les peuples de ce vaste empire célèbrent, par des sacrifices et des actions de grâces, le jour mémorable qui les met en liberté, en même temps qu'il nous couvre de gloire. Oui, c'est vous, braves guerriers, c'est votre valeur, encore plus que mon bras, qui vient de briser les fers de l'Asie, et d'affranchir ses peuples, qui gémissoient sous le joug d'un tyran cruel. Jetez les yeux sur toutes ces nations que la Perse renferme dans sa vaste enceinte, sur tous ces peuples que le plus juste de tous les conquérans soumit par ses vertus, encore plus que par la force de ses armes; qu'il rendoit heureux, et qu'il aimoit à enrichir par ses bienfaits; dans le pays des Mèdes et des Parthes, dans l'Assyrie, dans l'Arménie, dans la Bactriane, partout on court en foule dans les temples des Dieux, partout on vous nomme les libérateurs de la patrie, et votre nom est répété depuis l'Indus jusqu'au Tigre, et depuis la mer Caspienne jusqu'à l'Océan. Telles sont les bornes d'un Etat qui ne respire que par vous ; mais qui attend de vous aujourd'hui un bienfait encore plus signalé, ou plutôt l'accomplissement entier de ce que vous avez si heureusement commencé pour le rendre heureux.

En vain vous avez puni le mage, à l'instant même où vous avez découvert son horrible attentat; en vain vous avez mis vos concitoyens à l'abri de sa cruauté et de son injustice; si vous ne désignez vous-même à ce peuple sans chef et sans guide, le ferme appui qui doit soutenir le corps de l'Etat, si vous ne lui montrez un pouvoir légitime, à l'ombre duquel il puisse jouir tranquillement de l'héritage de ses pères et du fruit de ses travaux, votre action n'aura servi qu'à rendre la Perse plus malheureuse, et ses peuples vous reprocheront, avec raison, d'avoir fait succéder à la tyrannie un état plus cruel que la tyrannie même : car vous n'ignorez pas que l'anarchie est la destruction de toutes les sociétés. Pour quelle raison, en effet, les hommes se sont-ils réunis en corps? N'est-ce pas pour assurer à chacun des membres la propriété tranquille des biens qu'il possède, et pour être en état de se défendre contre les attaques des sociétés étrangères; mais une malheureuse expérience leur apprit bientôt que la raison seule ne suffisoit pas pour engager l'homme à respecter les droits de ses semblables; qu'il n'écoute souvent qu'un vil intérêt, et que les sociétés ne seroient bientôt plus qu'un brigandage affreux, si on n'établissoit pas une autorité suprême, capable de se faire respecter au dedans et au dehors. De là cette autorité, destinée au maintien des lois, que l'on voit établie chez tous les peuples, même les plus barbares; ils n'y ont mis d'autre différence que dans la manière de l'exercer. Les uns exercent l'autorité par eux-mêmes, et c'est ce qu'on appelle la démocratie, ou l'état populaire; d'autres ont déposé l'autorité entre les mains d'un petit nombre, qui représente la nation, et c'est l'aristocratie, ou l'oligarchie; d'autres enfin l'ont placée toute entière sur la tête d'un seul homme, et ce dernier état est la monarchie. Comme toutes les espèces de gouvernemens peuvent se réduire à un des trois dont nous venons de parler, il s'agit de choisir entre ces trois gouvernemens celui qu'il est plus avantageux d'établir dans notre patrie; choix difficile, s'il en fut jamais! C'est ici que je sens tout le poids du fardeau que vous m'avez imposé, en m'établissant pour juge dans une délibération aussi importante. Je ne pourrois m'empêcher de me reprocher mon imprudence et ma témérité, si je n'avois la confiance que vos lumières suppléeront aux miennes. C'est à vous de m'éclairer, illustres guerriers; lorsque vous aurez exposé les avantages et les caractères distinctifs des trois espèces de gouvernement, il me sera plus aisé de choisir celui qui contribuera le plus à rendre les citoyens heureux, ce qui doit être l'unique but de tout bon gouvernement.

DISCOURS D'OTANES,

En faveur du Gouvernement Républicain.

———

S'IL n'étoit ici question que d'éblouir un juge par les lumières trompeuses d'une vaine éloquence, si la cause que nous traitons pouvoit être regardée comme un simple jeu d'esprit; plus occupé de trouver des figures que des raisons, cherchant moins à instruire qu'à plaire, mon unique but seroit d'arracher le suffrage de mon juge, et de soumettre sa volonté, s'il m'étoit impossible de convaincre son esprit. Dans mon triomphe, je jouirois sans remords du fruit de mon éloquence, et je n'aurois aucun reproche à me faire sur la nature des ressorts que j'aurais fait jouer pour persuader mon juge. Ma défaite, au contraire, ne regarderoit que moi seul, et je n'aurois pas la douleur d'entendre les cris d'un client malheureux, qui pourroit me reprocher de lui avoir fait perdre une cause juste, ou de l'avoir engagé dans un procès injuste. Si même cette cause pouvoit être confondue avec ces causes ordinaires dont les tribunaux de justice retentissent tous les jours, la faute que j'aurois pu commettre, en négligeant de donner à mon juge tous les éclaircissemens nécessaires, cette faute pourroit encore se réparer, ou du moins le malheur que j'aurois causé, quelque grand qu'il fût, ne regarderoit qu'une seule famille, qui pourroit trouver dans son travail et son industrie une ressource qui la dédommageroit des pertes que lui auroit fait essuyer l'ignorance, la mauvaise foi, ou du moins la négligence de son avocat. Mais, dans la délibération présente, c'est l'intérêt de tout un peuple qui nous est confié, c'est notre sort, et celui d'un vaste empire, que nous allons régler pour toujours ; jugement d'autant plus difficile à prononcer, que la connoissance des lois devient inutile, et que les coutumes des peuples n'étant pas les mêmes sur cet article, les exemples qu'on pourroit apporter ne serviroient tout au plus qu'à prouver que tel gouvernement a moins d'inconvéniens pour un peuple que pour un autre. Il nous reste du moins à interroger la nature et la voix de la raison. C'est cette voix qui crie à tous les hommes que le gouvernement populaire est le plus agréable et le plus utile de tous les gouvernemens. Vous la connoissez, cette voix, généreux guerrier; n'est-elle pas assurée d'obtenir le suffrage d'un juge aussi éclairé que vous l'êtes?

PREMIÈRE PARTIE.

Représentez-vous un esclave infortuné, qui languissoit tristement dans un noir cachot, accablé depuis long-temps sous le poids de ses chaînes, dont le cœur n'avoit jamais éprouvé le sentiment de la joie, compagne de la liberté, et qui appeloit, par ses vœux réitérés, le supplice, qui seul pouvoit terminer ses malheurs, et l'affranchir à jamais de toutes les rigueurs de l'esclavage. Tout à coup un mortel généreux, ou plutôt une divinité bienfaisante, perce l'obscurité de sa prison, s'avance vers lui, et, touché de son malheureux sort, fait tomber ses chaînes, et lui rend la vie avec la liberté. Je vous le demande, que feroit alors cet homme qui vient d'être délivré? Ses yeux s'ouvrent peu à peu, son cœur se ranime, ses forces renaissent; ses premiers regards se portent vers son libérateur, il se jette à ses genoux, il embrasse ses mains, et lui témoigne sa reconnoissance par les plus vifs transports. Il commence à s'assurer s'il est libre en effet, et sa première démarche est de fuir pour toujours les lieux qui pourroient lui rappeler son esclavage.

Sous l'image de ce captif, pourroit-on ne pas reconnoître la Perse, que vous venez de mettre en liberté? Ses peuples commencent à jouir des heureux fruits de votre bienfait, et leurs transports de joie ne peuvent vous laisser ignorer le plaisir qu'ils ont de voir briser leurs fers. Serions-nous assez barbares pour leur envier leur bonheur naissant, et pour les replonger de nouveau dans tous les malheurs dont nous venons de les affranchir? Oui, la monarchie nous présente le spectacle de la plus affreuse servitude. (Voyez p. 73.)

Un maître absolu, du haut de son trône, daigne à peine laisser tomber des regards méprisans sur une troupe de vils esclaves qui tremblent à ses genoux; il n'ouvre la bouche que pour prescrire des lois, que lui dicte son intérêt personnel, plutôt que le bien de l'Etat. L'obéissance aveugle de tout ce qui l'envi-

ronne, ou une mauvaise éducation, lui per-
suade que tous les hommes sont faits pour lui,
et il ne les regarde que comme les instrumens
de ses passions : heureux encore si le foible
troupeau qui se prête sans résistance à toutes
ses volontés, ne devient pas la proie d'un tigre
affamé! Rappelez-vous le règne sanguinaire de
Cambyse. Ce monarque insensé entreprend
une guerre injuste contre les Ethiopiens, sans
avoir fait aucun des préparatifs nécessaires
pour une si grande expédition. Qu'arriva-t-il?
ce qui arrive ordinairement dans les monarchies : la faute d'un seul homme cause la ruine
d'un grand nombre de citoyens : cinquante
mille hommes sont ensevelis dans les sables de
la Libye; l'armée de Cambyse périt presque
entièrement. Le prince, moins affligé de la
perte de tant d'hommes, que touché de sa
honte et de son ignominie, entre en fureur,
traverse l'Egypte, et verse des fleuves de sang.
La Perse alloit aussi devenir le théâtre du carnage. Déjà, sur la foi d'un vain songe, il avoit
ôté la vie à son frère, lorsque les dieux, en le
faisant périr, semblèrent se justifier d'avoir
laissé régner un pareil monstre. L'imposteur
qui lui a succédé n'avoit pas encore, il est vrai,

donné des preuves de sa barbarie et de sa cruauté; mais, en punissant son horrible attentat, peut-être lui avons-nous épargné bien des crimes, qui sont une suite presque nécessaire du pouvoir donné à un seul homme, d'agir selon son caprice, et sans avoir à répondre à personne de ses démarches. Et c'est ici un des plus grands défauts de l'état monarchique. Supposons, ce qui arrive rarement, que le prince monte sur le trône dans un âge mûr, et avec toute la sagesse et tous les talens nécessaires pour une fonction aussi difficile, n'est-il pas à craindre que la royauté ne le corrompe? Ne se laissera-t-il pas éblouir par l'éclat qui environne la pourpre royale? La voix enchanteresse des flatteurs ne lui tendra-t-elle pas mille piéges; et, en lui cachant toujours la vérité, ne changeront-ils pas en vices jusqu'à ses vertus? S'il est plein de bravoure, ils l'engageront dans des guerres injustes; ou ils lui feront acheter bien cher une paix honteuse, s'il aime le repos et la tranquillité. Les princes ne sont déjà que trop disposés à se regarder comme l'unique but de tous les mouvemens d'un peuple nombreux, à se croire au-dessus des lois, et à n'estimer les hommes qu'autant qu'ils leur facilitent les moyens de satisfaire leurs folles passions. Si le prince est avare, ses mains avides arrachent le nécessaire des mains du malheureux; s'il est prodigue, il dépouillera des milliers d'hommes pour satisfaire l'avidité de quelques favoris; s'il est cruel, son royaume ne sera plus que le théâtre sanglant du plus horrible carnage.

Quel spectacle! qu'il est affreux! et qu'il est différent de celui que nous offre une république, où chaque citoyen, participant à l'autorité souveraine, n'obéit qu'aux lois qu'il s'est prescrites lui-même, ne paie que les impôts qu'il a jugés nécessaires, et ne reconnoît d'autres magistrats que ceux qu'il a choisis, et qu'il peut déposer quand il lui plaît! La liberté, ce bien précieux de l'homme, sans lequel tous les autres ne sont rien, la douce liberté n'est connue que dans les républiques. L'amitié, ce lien le plus fort des sociétés, est inséparable de l'égalité parfaite. Mais cette égalité, inconnue dans les monarchies, peut-elle exister ailleurs que dans les républiques? C'est là que, conformément au vœu de la nature, qui n'a point donné aux uns plutôt qu'aux autres, les biens, les dignités et les honneurs, on rend à tous les citoyens une justice égale; qu'on ne connoît ni la faveur, ni les priviléges, ni les prérogatives, d'où l'on a banni l'avarice, les rapines et la jalousie, qui ne peut avoir lieu lorsque tous les hommes sont égaux. Il est manifeste que cette égalité parfaite ne convient qu'à l'état populaire. Ne balançons donc point à le regarder comme le plus agréable à l'homme; j'ajoute, celui qui renferme de plus grands avantages.

SECONDE PARTIE.

Le meilleur gouvernement est, sans contredit, celui qui est le moins exposé aux changemens et à la vicissitude, et celui qui fournit un plus grand nombre de ressorts propres à engager les citoyens à concourir, avec un zèle égal, au bien public; double avantage, qui semble caractériser les républiques, et qui doit nous engager à les préférer à tous les autres états.

Dans quel détail nous jetteroit le simple exposé des révolutions ordinaires dans les monarchies! Là, comme sur une scène mobile, on voit paroître sans cesse de nouveaux acteurs qui se plaisent à jouer un rôle entièrement opposé à celui de leurs prédécesseurs. Tantôt

c'est un nouveau prince qui éloigne de ses yeux
les fidèles serviteurs de celui qui l'a précédé
dans le pouvoir suprême, et qui, ne pouvant
souffrir ce qu'on appelle les ministres de la
vieille cour, nomme à leur place de nouveaux
officiers et de nouveaux ministres. De nouvelles lois font oublier les anciennes; de nouveaux desseins font oublier les desseins du
règne passé : ce sont de nouveaux amis, de
nouveaux ennemis, de nouveaux habillemens
et une nouvelle manière de vivre. Par ces
changemens, le prince voudroit persuader à
ses peuples, et se persuader à lui-même, qu'il
a réformé les abus et changé les mauvaises
coutumes, tandis qu'il n'a fait que changer la
décoration et les acteurs.

Ici, j'aperçois un peuple nombreux, qui
jouissoit d'un parfait repos dans le sein de la
paix, et qu'on arrache à ses foyers et à ses travaux, pour le conduire au combat. D'où vient
ce changement subit? Un ennemi redoutable
est-il venu fondre tout à coup sur les terres de
l'empire? Non. Le prince qui avoit donné la
paix à son peuple vient de mourir, et son
successeur ne se croit point obligé à des traités
et à des alliances qui ont été faites sous le rè-

gne précédent. Quelquefois c'est une monarchie qui est sur le point de périr entièrement
par la division de ceux qui aspirent à la couronne. Ce danger, il est vrai, ne regarde que
les monarchies où la couronne est élective ;
mais les Etats héréditaires éprouvent-ils moins
de révolutions ? Un enfant monte sur le trône,
et d'abord, quel malheur pour les peuples ! Les
princes du sang ne peuvent-ils pas se disputer
la régence ? Si la loi se déclare pour l'un d'entre
eux, les autres, qui se regardent comme ses
égaux, lui obéiront-ils sans peine ? Ne pourra-
t-on pas le voir lui-même, après avoir négligé
l'éducation de son pupille, retenir les rênes du
royaume, après la majorité du prince, à qui il
ne laissera que le titre de roi ?

Dans une république, on n'est point exposé
à tous ces changemens : le souverain y est,
pour ainsi dire, immortel ; c'est toujours la
même loi et la même forme d'administration,
parce que c'est toujours le même peuple qui
gouverne ; les alliances y peuvent être éter-
nelles, et ne dépendent point, comme dans la
monarchie, du caprice d'un seul homme. Est-il
étonnant que les Etats voisins aiment mieux
faire une alliance avec les républiques qu'avec

des princes avec lesquels ils n'ont pas la même sûreté pour les traités et les obligations?

Le gouvernement populaire a un avantage plus grand encore : tous les membres de l'Etat y concourent au bien public; les richesses de la république sont les richesses des particuliers; ses triomphes sont les leurs, et ils sont affligés de ses défaites et de ses calamités, comme d'un malheur qui ne seroit tombé que sur leur famille. L'égalité parfaite qui règne entre les citoyens, fait qu'ils se regardent comme autant de frères, et que le salut de leur mère commune ne sauroit leur être indifférent. De là cet amour de la patrie, cette flamme vive et ardente qui s'allume dans le cœur de tous les républicains, et qui est le mobile de tant de belles actions et de tant d'exploits héroïques. C'est une plante inconnue dans les monarchies, ou qui, s'y trouvant comme étrangère, ne croît heureusement que dans les républiques. Quel seroit, en effet, le fruit des travaux d'un peuple qui obéit à des rois? Les sueurs et les peines sont pour lui, les plaisirs et le triomphe pour un autre; il sème, un autre moissonne; il laboure, et ses travaux pénibles ne peuvent assouvir l'avidité du gouvernement. Comment pourroit-il aimer la patrie? elle n'existe pas. Un oppresseur et des opprimés, un tyran et des esclaves; voilà tout l'Etat. Et ne croyons pas que le prince s'occupe, de lui-même, du bonheur de ses sujets, et qu'il cherche à croître de vertus en vertus. Le défaut d'émulation l'empêche de s'élever au-dessus de lui-même; et, n'ayant aucune récompense à attendre, aucune punition à craindre, aucune considération ne l'engage à faire mieux. A son exemple, ses sujets demeureront dans un état d'engourdissement qui les rendra incapables des grandes vertus. Que dis-je? le prince, jaloux de toute espèce de mérite, éloignera la vertu de sa cour, ne récompensera que des talens futiles, ou même criminels, et le vice seul marchera, tête levée, dans ces lieux où la vertu la plus héroïque suffiroit à peine pour y remplir dignement des fonctions si pénibles.

Quel essaim de héros brille dans les républiques! La gloire les appelle, les récompenses les animent, et la carrière des honneurs n'est ouverte que pour eux.

J'en ai dit assez, généreux libérateur de la Perse; balancerez-vous à prononcer en faveur d'un gouvernement où la loi seule commande, où règne la vertu, et où les citoyens, à l'abri de toute tyrannie, jouissent du plus parfait bonheur, dans le sein de la concorde et de l'union, fruits précieux de cette égalité que la nature a eu dessein d'établir parmi les hommes. C'est à vous à l'établir parmi nous. Je me trompe, vous l'avez déjà établie, en délivrant la Perse de l'esclavage; et, dans le moment même où vous perciez le tyran, vous prononciez d'avance en faveur de l'état populaire.

DISCOURS DE MÉGABISE,

En faveur de l'Aristocratie, ou Oligarchie.

Si Otanes s'étoit contenté de s'élever avec force contre le gouvernement monarchique, s'il s'étoit borné à nous inspirer de l'éloignement pour un état que la nature elle-même semble réprouver, que la raison condamne, et dont mille exemples ont déjà fait sentir les abus et les inconvéniens, personne sans doute n'eût refusé de souscrire à ses raisonnemens, et l'extinction de la tyrannie, ou, ce qui est la même chose, de la monarchie, auroit été le fruit du portrait affreux, mais fidèle, qu'il nous en a fait avec tant de chaleur et d'énergie. Mais, quel étoit son dessein? En voulant élever la puissance populaire sur les ruines de l'état monarchique, comment n'a-t-il pas senti qu'il ne faisoit que substituer un vain fantôme de liberté à l'esclavage, remplacer un excès par un autre, et replonger la Perse dans des malheurs encore plus grands? Sachons-lui gré, du moins, de nous avoir fourni des preuves qui pourront nous servir à démontrer que l'aristocratie est préférable à tous les gouvernemens : car s'il est vrai que la monarchie est contraire au bonheur des peuples; et, pourroit-on en douter, après les raisons qu'en a donné mon adverversaire? si je prouve que l'état populaire a des inconvéniens mille fois plus grands encore, n'en résultera-t-il pas un grand préjugé en faveur de l'aristocratie? L'exposé des avantages de ce dernier gouvernement achèvera d'assurer le succès de ma cause, et de fixer votre suffrage en ma faveur.

PREMIÈRE PARTIE.

Si nous en croyons le défenseur de l'état populaire, la république seule est le séjour de la liberté, le règne de l'égalité parfaite, le triomphe de la vertu, l'état le plus ferme et le plus solide, et celui qui jouit du plus parfait bonheur. Mais si on examine avec attention le gouvernement qu'il voudroit établir parmi nous, si on préfère à un tableau qui n'est que

le fruit de l'imagination, un tableau plus conforme à la vérité, si on considère, en un mot,
ce qui est, plutôt que ce qui doit être, à quoi
se réduira cette liberté qu'on nous a tant vantée, cette égalité dont on nous a fait des pein-
tures si magnifiques? Trouverons-nous la vertu
seule à la tête des républiques, comme on vient
de l'avancer avec tant de confiance? Cette solidité inébranlable du gouvernement populaire
n'est-elle pas un peu chimérique, et les peuples
y jouissent-ils en effet de ce bonheur et de cette
félicité parfaite qui doit être l'objet de nos
vœux, comme c'est l'objet des vœux de tous
les hommes?

Un peuple qui vit en république est-il essen-
tiellement un peuple libre? Pour répondre à
cette question, qui paroît d'abord fort aisée à
résoudre, on doit avoir une idée juste et exacte
de la liberté. Doit-elle être confondue avec
l'indépendance absolue de ce sauvage qui vit
au fond des forêts, éloigné de toute société
humaine, sans lois, sans règle, sans assujétis-
sement, et n'ayant d'autre guide qu'un instinct
grossier et qu'un aveugle caprice? sa nature est
de ne pas obéir. Le but de toute société établie
parmi les hommes, est de forcer les citoyens à

suivre des lois et à obéir à une autorité. Si cette espèce de liberté avoit lieu dans les républiques, il n'y auroit ni magistrats, ni juges, ni officiers, ni aucune forme de gouvernement, et néanmoins il n'y a aucun état où il y ait un plus grand nombre de magistrats de toute espèce, que dans l'état populaire. L'homme, en société, ne sauroit donc jouir d'une liberté absolue ; la seule liberté qui lui convienne consiste à faire le sacrifice d'une partie de sa liberté, pour conserver l'autre partie. Le peuple le plus libre sera celui où l'on fera observer plus fidèlement les lois de l'Etat, où la paix sera maintenue au dedans et au dehors avec plus de sagesse et de vigilance, et où chaque citoyen jouira plus tranquillement de ses biens et de ses richesses. Pourroit-il y avoir une autre espèce de liberté pour les hommes en sociéte, et par conséquent soumis à une autorité, de quelque nature qu'elle soit ? Cette liberté a donc toujours des bornes, et je soutiens qu'elle a encore moins d'étendue dans les républiques que dans les autres Etats. Pour s'en convaincre, il suffit de jeter les yeux sur quelque république. D'abord, je n'y aperçois point cette égalité parfaite de biens et d'honneurs entre les citoyens. On veut qu'elle soit conforme à la nature : pourquoi ne diroit-on pas, au contraire, que la nature en faisant les uns plus sages et plus ingénieux que les autres, a destiné les uns à gouverner, et les autres à obéir ? Ce seroit sans doute un spectacle bien noble et bien imposant, qu'un peuple de sages, et uniquement composé d'hommes vertueux ; mais Otanes ne s'est-il pas trompé en nous laissant croire que les républiques ne renferment dans leur sein que des hommes dignes de commander, et que la vertu seule y dicte des lois ?

Transportons-nous, pour en juger, dans une des villes de la Grèce, chez ces peuples qui, depuis près d'un siècle, n'obéissent plus à des rois, et se gouvernent en forme de république. Je veux croire qu'on y vit régner, dans les commencemens, une parfaite union entre les citoyens, qu'on n'y vit d'abord que des exemples de probité et de désintéressement, et que l'unique dispute entr'eux étoit à qui seroit le plus vertueux. Mais n'est-il survenu aucun changement dans ces républiques, et le gouvernement d'Athènes, par exemple, peut-il aujourd'hui nous servir de modèle ? Quelles factions déchirent le corps de l'Etat ! Quel tu-

multe dans les assemblées ! Quelles brigues
pour les élections ! Les plus séditieux obtiennent les charges ; les plus sages se retirent, et
renoncent à se faire entendre au milieu d'un
bruit plus grand que celui des flots de la mer
agitée. Le peuple, ne consultant que de vains
caprices, ne connoît pas même le véritable intérêt de l'Etat. Otanes a tonné avec force contre
les flatteurs des rois : les flatteurs du peuple
sont mille fois plus dangereux. Les grands
mots de patriotisme, d'amour de la patrie, de
liberté, leur servent de voile pour cacher le
plus vil intérêt ; ces orateurs mercenaires flat-
tent ses passions, font naître dans son esprit
des soupçons injurieux contre les vertus et les
talens ; le mérite modeste s'éloigne, et l'Etat
devient la proie des plus méprisables de tous
les hommes.

J'entre dans Athènes un de ces jours desti-
nés à célébrer, par des fêtes publiques, une
victoire éclatante remportée sur les ennemis
de l'Etat ; un peuple nombreux, rassemblé
dans la place publique, assiége la tribune aux
harangues. Dans l'ivresse que lui cause une
victoire qu'il n'attribue qu'à lui-même, il devient insolent, ne respecte plus rien, abolit les

anciennes lois, absout le coupable et condamne l'innocent. De vils harangueurs applaudissent à toutes ses démarches, et, par des éloges outrés, mettent le comble au délire. Abusant de l'état où il est, ils cherchent à satisfaire leurs haines particulières : la noblesse, la vertu, les richesses, sont des titres pour être l'objet de leurs déclamations, et souvent les citoyens les plus illustres n'obtiennent, pour prix des services rendus à la patrie, que la mort ou l'exil. La place publique n'est que le théâtre du trafic le plus honteux, et le lieu où l'on donne les honneurs et les charges à celui qui en offre davantage ; la liberté du peuple n'est qu'une licence effrénée : ce n'est pas lui qui gouverne, ce n'est qu'un petit nombre de factieux qui s'accordent pour déchirer l'Etat, ou qui le rendent encore plus malheureux lorsqu'ils sont divisés.

Changeons la scène, et représentons-nous ce même peuple, dans une de ces crises violentes qu'éprouvent souvent les républiques, par une suite de leur mauvaise administration. Dans une calamité publique, après la perte d'une bataille, lorsqu'un ennemi que rien n'arrête s'avance jusqu'aux portes de la ville, que feront alors ces fiers républicains ? Consternés et abattus, ils se renferment dans leurs maisons. Un petit nombre erre autour de la place publique, cherchant en vain quelque secours; ceux qui le flattoient si indignement dans la prospérité, l'abandonnent lâchement dans l'adversité. Les bons citoyens qui se trouvent alors dans la ville, s'exposeront - ils à donner des conseils, qu'on écoutera à peine dans le temps du danger, et qu'on trouvera l'art d'empoisonner lorsque l'orage sera dissipé. Le secret, si nécessaire dans les affaires d'Etat, sera-t-il gardé de tout un peuple? L'ennemi ne sera-t-il pas instruit de tous les projets long-temps avant l'exécution? C'est ainsi que dans les républiques le mal peut se faire aisément, mais le bien trouve une infinité d'obstacles ; et l'on en doit conclure que l'état populaire est le pire de tous les gouvernemens, et qu'il n'y a pas de tyrannie plus dangereuse que celle de tout un peuple. Je ne balancerois même pas à lui préférer le gouvernement monarchique, s'il n'existoit pas une troisième espèce de gouvernement, exempte des défauts des deux premières, et qui réunit au suprême degré les avantages qu'elles peuvent avoir.

SECONDE PARTIE.

C'est un principe avoué de tous les philosophes, et fondé sur l'expérience, que les extrêmes sont vicieux, et que le bien ne sauroit se
trouver que dans un juste milieu. L'extrême
liberté dégénère en licence, et le défaut de liberté produit la tyrannie. Un seul homme n'a
pas assez de génie et de talens pour commander à tout un peuple. La multitude est trop
inconstante et trop peu d'accord, pour se fixer
au parti le plus convenable. Le gouvernement
d'un seul est donc aussi vicieux que celui de
tout un peuple.

S'il existoit un gouvernement, où l'autorité
fût confiée à des hommes sages et prudens,
en assez grand nombre pour se faire respecter
du reste des citoyens, et trop peu nombreux
pour que le secret des affaires pût être divul-
gué ; où le choix des sénateurs ne dépendît
pas d'un aveugle hasard ; où le conseil de la
nation ne changeât pas tous les ans ; où l'on
mît à la tête des affaires les nobles et les riches,
préférablement aux pauvres, non par mépris
pour ceux ci, mais parce que les premiers

peuvent seuls recevoir l'éducation nécessaire pour corriger les défauts naturels, et pour perfectionner les talens qu'ils peuvent avoir, et que d'ailleurs, portant les plus grandes charges de la république, ils doivent prendre plus d'intérêt à la conservation de l'Etat, que les pauvres qui, n'ayant rien à perdre, peuvent quitter la patrie dans le moment où elle auroit le plus besoin de leur secours : je vous le demande, un semblable gouvernement ne seroit-il pas le mieux réglé de tous les gouvernemens ? Ne seroit-il pas ferme et inébranlable ? Sans marcher dans ses desseins avec autant d'activité que l'état monarchique, n'agiroit-il pas du moins avec plus de mesure et de poids ? Sans avoir les entraves de l'état populaire, il n'éblouiroit pas les yeux par une vaine apparence de liberté, comme dans les républiques, mais il rendroit les peuples plus heureux en effet, et il n'appesantiroit jamais sur eux le joug de la servitude, comme dans les monarchies. Les lois seroient toujours les mêmes, parce que personne n'auroit intérêt de les changer; les coutumes de la nation seroient respectées, et chaque année ramèneroit le même cercle d'événemens. Semblables à ces

globes célestes qui roulent uniformément au-
dessus de nos têtes , et dont les révolutions
sont assujéties à des lois invariables , l'aristocratie suit dans toutes ses opérations une marche constante et réglée. Rien ne peut troubler
l'harmonie de tous les membres de l'Etat, que
l'impulsion d'un corps étranger , dont le choc
est aisément repoussé par la force et la solidité de toutes les parties du corps aristocratique.

J'avoue qu'un semblable gouvernement ne
s'annonce pas avec ce faste et cette pompe qui
distinguent les états monarchiques. Il ne connoît
point cet éclat qui environne les rois, cette
cour brillante qui relève leur majesté , et tous
ces dehors éclatans qui annoncent la richesse
des princes , plutôt que le bonheur des peuples. On n'y fait pas retentir aussi haut que
dans les républiques , ces noms fastueux de
patrie, d'égalité , de liberté , qui n'y existent
pas davantage , pour y être répétés plus souvent. Mais, pour être moins brillant, en est-il
moins solide ?

Qu'en revient-il à un citoyen qui vit dans
une monarchie, lorsque le prince se couvre
de gloire par des victoires éclatantes? Le mo-

narque vient de reculer les bornes de l'empire : quel avantage en ont retiré ses sujets ? Leurs possessions se sont-elles étendues ? Les dépouilles de l'ennemi serviront-elles à diminuer les impôts ? Non ; je vois même qu'on les augmente après tant de victoires : et en effet ne faut-il pas soutenir un empire plus vaste, payer des armées plus nombreuses, et fournir au luxe d'une cour qui triomphe avec tant d'éclat et de magnificence ?

Que sert au républicain qu'on lui parle des victoires de l'état, comme des siennes propres, s'il n'en est pas plus heureux, et, si participant en effet aux malheurs de l'Etat, les succès de sa patrie ne tournent qu'à l'avantage d'un petit nombre de factieux ?

Le citoyen paisible de l'état aristocratique, sans crainte et sans ambition, obéit à des lois qu'il a toujours vu suivre dès son enfance, et qui n'ont été établies, ni par le caprice d'un tyran, ni par les désirs aveugles d'un peuple tumultueux. Il respecte les magistrats, parce qu'ils sont tirés d'un corps qu'il est accoutumé à respecter. Il paie les impôts avec joie, parce qu'il sait qu'un corps sage et prudent n'a pu les établir sans une vraie nécessité. Il n'a pas l'inquiétude du républicain qui, chargé de les établir lui-même, ignore presque toujours quand il doit les accorder ou quand il doit les refuser. Il ne partage point avec le sujet des princes la douleur de se dépouiller du fruit de ses sueurs, pour le voir donner à d'indignes favoris, par la plus aveugle et la plus cruelle de toutes les libéralités.

Tels sont les avantages d'un gouvernement, vers lequel la nécessité semble nous conduire. Oui, les autres états ne sauroient subsister sans emprunter le secours de l'aristocratie. Dans une république, le peuple n'est-il pas forcé de nommer un sénat qui décide, en son nom, des affaires les plus pressantes ? Dans une monarchie, un roi ne causeroit-il pas la ruine de l'état, s'il n'avoit pas un conseil privé, qui l'aide à supporter le poids du gouvernement ? N'est-ce pas avouer, de part et d'autre, que les Etats ne peuvent être gouvernés que par un sénat composé d'hommes sages et vertueux ? Cet aveu forcé de mes adversaires doit vous décider, généreux Gobrias ; et vous engager à prononcer en faveur du plus sage de tous les gouvernemens.

DISCOURS DE DARIUS,

En faveur de l'Etat Monarchique.

———

APRÈS le portrait affreux que mes deux rivaux viennent de tracer de l'état monarchique, comment entreprendre de prouver sa supériorité sur les autres états ? Comment le justifier des reproches qu'on lui fait ? N'ai-je pas à craindre qu'on ne m'accuse d'être le défenseur de la tyrannie, qu'Otanes et Mégabise affectent de confondre avec la monarchie ? Au seul nom de roi, leur imagination alarmée se représente déjà sur le trône un autre Cambyse ou un autre Tanioxare, et ils voient des torrens de sang couler dans toute la Perse. Non, je sais trop bien distinguer l'abus de la chose même; j'approuve la royauté, je déteste la tyrannie, et j'aime trop ma patrie pour la soumettre à un gouvernement qui la rendroit malheureuse. En formant une conjuration contre le mage, je n'ai eu d'autre dessein que de faire périr un usurpateur, et de le remplacer par un roi légitime. Persuadé que la Perse avoit déjà été heureuse sous le gouvernement monarchique, et qu'elle pouvoit l'être encore, je souhaitois de le voir établi de nouveau parmi nous. Je ne dissimulerai pas ses abus et ses inconvéniens; eh! quel gouvernement n'en a pas? Mégabise n'a point parlé de tous ceux qui se trouvent dans l'état populaire, et il me seroit aisé de prouver que l'aristocratie en renferme un très-grand nombre. Pour éviter le défaut de mes adversaires qui ont parlé de l'abus de la monarchie, plutôt que de la monarchie même, et qui ont exagéré les plus foibles avantages des autres gouvernemens, en gardant un silence absolu sur leurs plus grands défauts, je balancerai les abus du gouvernement monarchique avec les abus des autres gouvernemens; et si les premiers sont moins grands que les autres, je me déciderai en faveur de la monarchie, dont il ne me restera plus qu'à vous donner une idée plus exacte que celle qu'on vient de vous présenter.

Illustre Gobrias, je ne veux point prévenir

votre jugement : la vérité seule doit obtenir votre suffrage, et c'est à vous à décider, s'il est moins aisé à un seul homme de gouverner la Perse avec sagesse et avec prudence, qu'il ne l'a été à un seul homme de la venger avec tant de valeur et de courage.

PREMIÈRE PARTIE.

Le plus grand inconvénient de l'état monarchique, celui qui prête davantage aux déclamations de mes adversaires, c'est l'abus que peut faire un prince de l'autorité sans bornes qui lui est confiée. Le sort des villes et des provinces est entre ses mains ; des millions d'hommes reçoivent ses ordres, et s'empressent de les exécuter ; des armées nombreuses marchent, s'arrêtent, fondent sur l'ennemi, suspendent le carnage au moindre signal qui leur est donné. Si un pouvoir aussi effrayant vient à l'éblouir ; si, ne consultant ni ses véritables intérêts, ni ceux de son peuple, et se mettant au-dessus des lois de l'empire, il n'écoute plus que son avidité et que la voix de ses passions : quelle digue assez puissante opposerons-nous à un si grand ravage ? Dirons-nous

que les exemples d'une semblable tyrannie sont
bien rares, parce que le prince lui-même
sent bien qu'il est de son intérêt de mettre
des bornes à son autorité, s'il veut l'établir sur
des bases fermes et inébranlables ? Dirons-
nous que la Perse en fournit encore moins que
les autres empires, par un effet de la sagesse
de nos pères, qui ont voulu que les jeunes
princes, confondus dans leur jeunesse avec les
enfans des autres citoyens, fussent prémunis
de bonne heure, par la plus sage de toutes les
éducations, contre les dangers du pouvoir
absolu ? Dirons-nous enfin que Cambyse lui-
même n'a peut-être été un tyran, que parce
qu'au milieu des guerres, on avoit négligé de
l'instruire dans les maximes du grand Zoroastre ? Ces raisons pourroient être bonnes pour
justifier la monarchie en général, mais non
pas pour nous engager à préférer cet état à
tous les autres ; et la crainte du règne d'un seul
tyran ne nous feroit encore regarder le règne
de plusieurs bons rois, que comme un bien
foible dédommagement. Mais s'agit-il ici d'opposer une monarchie mal gouvernée, avec
une démocratie ou une aristocratie sage et réglée ? N'est-il pas incontestable que cette der-

nière doit l'emporter , et étoit-il nécessaire d'employer toutes les ressources de l'éloquence , pour établir une vérité qu'il suffit d'énoncer pour la prouver ? Que devons-nous donc examiner ? C'est une monarchie mal gouvernée , qu'il faut opposer à une autre espèce de gouvernement qui auroit le même défaut , et c'est une monarchie sagement administrée , qu'il faut comparer à une république, ou à une aristocratie qui jouiroit du même avantage. Voilà , je pense, ce qui doit nous occuper, et ce que mes adversaires ont eu l'adresse d'éluder jusqu'à présent.

Or , je le demande à tous les hommes : cinquante tyrans sont-ils moins à craindre qu'un seul ? La tyrannie qui s'établit dans un sénat, ou dans une assemblée du peuple, est-elle moins cruelle que celle qui va s'asseoir sur le trône des rois ? Sous un mauvais prince , le peuple a du moins cette espérance , que ses maux finiront un jour, et la mort d'un tyran peut mettre sur le trône le meilleur des princes. Mais dans les autres états , si le sénat, si le peuple est corrompu, s'il est cruel, injuste et sans principes , il n'y a plus de ressources; la mort de chacun des membres n'apporte aucun remède ; le mal va toujours en augmentant, et cause enfin la ruine entière de l'état.

Peut-être que cinquante sénateurs sages et prudens rendront les peuples plus heureux qu'ils ne le seroient sous le règne d'un seul homme. Non ; ne l'espérons en aucune manière. Un sage pilote peut conduire heureusement le vaisseau confié à ses soins ; mais si plusieurs pilotes veulent prendre en main le gouvernail, quelque sages, quelque expérimentés qu'ils soient, bien loin de s'aider mutuellement, ils ne feront que s'embarrasser. Les uns voudront s'avancer en pleine mer ; les autres manœuvreront pour rentrer dans le port : la tempête surviendra, et le vaisseau fera naufrage, parce que plusieurs auront entrepris de le conduire. Image fidèle du gouvernement de plusieurs hommes, qui ne pourront jamais s'accorder sur le parti qu'ils doivent prendre dans les affaires les plus importantes. Un prince, au commencement de son règne, fait quelquefois de nouvelles lois sans nécessité; mais c'est moins un défaut de l'état monarchique, que le défaut de quelques princes qui veulent faire montre de leur pouvoir ou de leur capacité. Un magistrat sera-t-il moins jaloux de paroître ? Ne l'est-il pas davantage ? N'ayant à gouverner, qu'un an ou quelques mois, ne cherchera-t-il pas à faire parler de lui de quelque manière que ce soit ? N'établira-t-il pas des lois que son successeur détruira par jalousie ou par caprice ? Ajouterai-je que très-souvent les sénateurs ne sont point d'accord entre eux ; que les uns veulent la paix, les autres la guerre ; que ceux-ci proposent une loi, et ceux-là une autre ; qu'un magistrat est du goût des uns, et que les autres lui refusent leur voix ? Qu'il est difficile alors, dans un état aristocratique, de contenir un peuple toujours méprisé des grands, et qui leur porte toujours une haine secrète! La force seule peut décider, et il faut en venir aux mains. Armera-t-on des étrangers ? Il est à craindre qu'ils ne trahissent l'Etat, et qu'ils ne le partagent après le combat, comme le fruit de leur victoire. Seroit-il bien sûr de retenir les citoyens par la crainte ; et l'autorité des sénateurs est-elle assez bien établie, pour refuser au peuple ce qu'il demande ? Il n'y a qu'un moyen de faire revenir la paix, c'est de lui faire part du gouvernement et de l'élever aux charges; mais

on a changé la forme de l'Etat, et l'aristocratie est devenue un état populaire.

La monarchie est à l'abri de tous ces dangers. L'autorité du prince, toujours ferme et
inébranlable, tient tout en respect, réprime
les séditions et écarte tous les orages. Si ce
calme heureux est quelquefois troublé dans
une minorité, ou sous le règne d'un prince
foible, c'est un nuage qui se dissipe bientôt.
Les princes du sang et les grands rentrent dans
le devoir, et se montrent les plus fidèles sujets
du prince, devenu majeur. Sous un prince
foible, l'abus que font de leur autorité ou de
leur faveur, des ministres inhabiles et des
courtisans avides, peut donner lieu à des factieux de diviser le corps de l'Etat. Le peuple
ne tarde point à s'apercevoir qu'on l'égaroit,
sous le voile spécieux du bien public ; et, au
bout de quelque temps, on le voit chercher, à
l'abri d'une monarchie sage et réglée, la sûreté et la tranquillité, que cette espèce de gouvernement peut seule faire régner dans un vaste
empire. Je veux, en effet, que la république
et l'aristocratie n'aient pas, pour les petits
Etats, tous les inconvéniens que nous leur

avons reprochés, pourront-ils jamais convenir à des états aussi vastes que la Perse, où la force qui doit réprimer, doit être plus grande à proportion de l'étendue de l'empire?

Mais peut-être que, se bornant à faire trembler les peuples, et n'ayant d'autre but que de faire observer les lois par la crainte, un monarque n'a jamais goûté le plaisir d'être aimé de son peuple, et n'a jamais connu ce lien puissant qui enchaîne la destinée du prince à celles des peuples, et qui fait regarder le bonheur de l'un comme inséparable du bonheur des autres ? Permettez-moi de vous détromper, et de vous convaincre que c'est ici le triomphe de la monarchie.

SECONDE PARTIE.

Un père tendre, environné d'une nombreuse famille, la voit avec plaisir s'empresser autour de lui, lui témoigner son amour, et prévenir la moindre de ses volontés. Il regarde ses enfans comme son plus ferme appui; son cœur est tout entier pour eux : ils sont l'unique objet de ses soins. Par le plus juste de tous les retours, le père est adoré de ses enfans; ils obéissent avec joie à l'autorité paternelle , et ils sentent que leur plus grand malheur seroit de se soustraire à la douceur de ses lois.

Voilà l'origine de la monarchie. Les peuples, en se réunissant en société, voulurent jouir des avantages qui sembloient n'appartenir qu'à une seule famille. La nature avoit donné un chef à chaque famille ; les hommes établirent un roi sur plusieurs familles réunies. Convaincus que l'autorité est indivisible , et qu'il en est du gouvernement d'un Etat comme de la conduite d'une armée, où il est sans doute à propos que plusieurs soient consultés , mais où il est essentiel qu'un seul décide , et soit comme l'âme qui donne le mouvement à ce vaste corps , les peuples , pendant long-temps , ne connurent d'autre gouvernement que l'état monarchique. Quelques abus inséparables de tout gouvernement, ou peut-être la légèreté et l'inconstance des Grecs , leur a fait abandonner cette forme de gouvernement , que les plus sages d'entre eux regrettent aujourd'hui. Les peuples de l'Asie n'en ont jamais connu d'autres ; il a fait le bonheur de nos pères : ne peut-il pas encore nous rendre heureux ? et l'abandonnerons-nous en ce jour, pour nous préparer des regrets éternels ? Jamais bonheur approcha-t-il de la félicité d'un peuple que gouverne un bon roi ?

J'aperçois sur le trône un prince qui se regarde comme le père de la patrie, et qui n'est occupé qu'à rendre ses sujets heureux ; le mérite seul l'environne, et la vérité ne craint point d'aborder une cour d'où l'on a banni la flatterie. Persuadé que le premier devoir des rois est de choisir de bons ministres, il cherche, non dans sa cour seulement, mais dans tout son empire, des hommes sages et doués des talens nécessaires, afin qu'il soit éclairé par leurs lumières sur les besoins de son peuple. La magnificence qui environne les rois lui paroît nécessaire pour frapper le peuple et pour soutenir la dignité de la couronne, mais il méprise une gloire qui n'est fondée que sur la pompe et sur le luxe ; il établit sa gloire sur des fondemens plus solides : plein de respect pour la religion de ses pères, il y est fidèle, et, à son exemple, le peuple est aussi fidèle à son Dieu qu'à son prince. Comme il ne craint point que ses sujets soient trop éclairés, il encourage les sciences et les arts ; il estime ceux qui les cultivent, et ses récompenses font naître dans ses états une foule d'hommes illustres dans tous les genres. Sourd à la voix du plaisir et de la mollesse, sa seule volupté est de combler tous les jours de nouveaux bienfaits ses sujets, qu'il regarde comme ses enfans ; et pour lesquels il est prêt à sacrifier ses trésors , son repos et sa vie même. La sagesse de ses lois les fait observer fidèlement ; les grands crimes sont rares , parce que l'exemple du prince et des ministres, plus fort que toutes les lois , fait régner les mœurs et la vertu : si cependant il se trouve un membre vicié dans un corps qui jouit d'une santé aussi parfaite , le prince ne balanceroit point à le retrancher , persuadé que l'amour même qu'il a pour l'état exige de lui ce sacrifice. Ennemi d'une vaine gloire et de la soif des conquêtes, il est fidèle observateur des traités conclus avec les puissances étrangères : l'amour même qu'il a pour la paix l'oblige à entretenir de nombreuses troupes, d'équiper des flottes et d'exercer ses soldats, pour être toujours en état de défendre les droits de la nation. La nécessité l'oblige-t-elle enfin de prendre les armes, il renonce, malgré lui, aux douceurs de la paix, et marchant lui-même à la tête de ses armées, quelle émulation ne met-il pas parmi les simples soldats! Le voyant se sacrifier lui-même, et partager avec eux les dangers, ils ne craignent plus rien, triomphent des fatigues les plus pénibles, et volent avec intrépidité à une mort assurée. Les officiers ne connoissent plus ces jalousies de commandement, toujours si préjudiciables aux entreprises militaires ; plus de dispute entre eux, que celle de faire les plus belles actions, et d'avoir le prince pour témoin de leur courage : un seul de ses regards est pour eux la plus noble récompense, et peut seul faire naître des héros. Quelle armée ne seroit pas invincible sous la conduite d'un tel prince? quelle crainte n'inspireroit-elle pas aux ennemis ? quelle confiance ne donneroit-elle pas aux citoyens ? Bientôt le prince, réunissant les lauriers de la victoire à l'olive de la paix, satisferoit aux vœux de ses sujets avides de revoir le père et le libérateur de la patrie.

M'accuserez-vous d'avoir voulu vous éblouir par le tableau d'une prospérité qui n'auroit jamais eu d'exemple, et d'avoir accordé à un prince plus de sagesse et de vertus qu'il n'est donné à un simple mortel d'en avoir? Non, j'en atteste les Dieux protecteurs de cet empire; nos pères ont goûté les douceurs d'un semblable règne, et nous-mêmes nous avons combattu sous les drapeaux d'un prince aussi aimé de ses peuples, et qui avoit pour eux un amour aussi tendre. Cyrus.... à ce nom, votre cœur attendri vous rappelle le souvenir du plus modeste de tous les conquérans, du plus juste des rois, du meilleur des pères. Quelqu'un s'est-il jamais approché de son trône sans se retirer plus content et plus satisfait ? lui a-t-on jamais demandé justice sans l'avoir obtenue ? nous a-t-il jamais imposé un fardeau qu'il n'eût pas porté lui-même auparavant ? Notre amour pour lui n'étoit surpassé que par l'amour qu'il nous portoit. Lorsqu'il se montroit en public, c'étoit avec cette douceur, cette bonté et cet air affable tout à la fois et majestueux, qui exprimoit si bien la noblesse et la bonté de son cœur. Vous n'oublierez jamais le discours touchant que ce héros nous tint avant sa mort, lorsqu'il eut fait approcher son fils et les principaux officiers de son armée. S'il recommanda son fils à ses sujets, s'il les exhorta à lui être fidèles, ne montra-t-il pas encore plus de sensibilité, en recommandant à ce fils le bonheur des peuples, en lui rappelant ses devoirs bien plus que ses droits, et en lui faisant envisager l'héritage qu'il lui laissoit comme un fardeau pénible, et non comme un trésor inépuisable; enfin, il lui fit voir tous les malheurs prêts à fondre sur l'empire s'il gouvernoit en tyran, ou si les peuples refusoient de lui obéir; comme il annonça une longue suite de prospérités et un parfait bonheur, si son fils et ses sujets, parfaitement soumis aux lois de l'empire, ne paroissoient occupés qu'à se témoigner un amour réciproque (1):

----

(1) Voici le discours entier, tel qu'on le trouve dans Xénophon. Je me sers presque entièrement de la traduction de M. Dacier.

« Vous savez, vous, mes sujets, et vous, mon fils, « avec quelle tendresse je vous aime. Dans ce moment « où je vais cesser d'être, j'ai la consolation de voir « que vous me survivez, et de laisser mon royaume « florissant et mes peuples heureux. Toi, Cambyse, « n'oublie jamais que ce n'est point le sceptre d'or que « je te remets qui te rendra heureux et qui conservera « ton empire : les amis fidèles sont le véritable sceptre « des rois, et leur plus ferme appui; mais c'est par la « bienfaisance, et non par la contrainte, que tu peux « te les attacher. Et vous, mes amis, compagnons de tel fut le discours que nous tint alors le meilleur des pères. Mais si aujourd'hui les Dieux le rappeloient du séjour fortuné où il reçoit la récompense de ses vertus, quelle seroit sa douleur de voir son trône prêt à être renversé et ses lois foulées aux pieds. « Gobrias, vous diroit-il « alors, est-ce ainsi que vous reconnoissez mes « bienfaits, et que vous respectez les sages cou- « tumes de nos ancêtres ? Qu'est devenu l'atta- « chement que vous faisiez paroître pour moi ?

« mes victoires, que votre attachement pour ma per- « sonne passe à mes enfans ; n'oubliez jamais que vous « êtes liés par des liens réciproques, et votre bonheur « s'accroîtra de jour en jour. Mais, ô mon fils ! si, enflé « de votre fortune, vous voulez gouverner tyranni- « quement les Perses comme un peuple conquis ; si « vous, Perses, jaloux de la puissance de Cambyse, « vous cherchez à y porter atteinte, vous arrêterez « vous-mêmes le cours de vos prospérités. Si quel- « qu'un entre à main armée dans la Perse, ou entre- « prend de détruire les lois, vous, Cambyse, vous la « défendrez de tout votre pouvoir. Vous, Perses, si « quelqu'un cherche à dépouiller mon fils de l'empire, « vous volerez à son secours, au premier ordre que « vous recevrez. »

« quoi ! malgré tout ce que j'ai fait pour rendre
« la Perse heureuse, mes sujets ingrats abolis-
« sent mes lois, détruisent mon trône et renon-
« cent au gouvernement qui fit leur bonheur !
« Quelle injure vous faites à mon nom ! la pos-
« térité ne sera-t-elle pas fondée à croire, ou
« que Cyrus fut un tyran, ou qu'il ne rendit pas
« ses peuples aussi heureux qu'ils l'ont été en
« effet, puisqu'après sa mort, ils veulent don-
« ner une autre forme à l'Etat ? Vous, pour qui
« je n'ai jamais eu rien de caché, vous qui lisiez
« dans mon cœur, mes amis, pouvez-vous
« douter que Cyrus n'eût déposé le diadême,
« s'il eût cru que son peuple eût été plus heu-
« reux sans aucun chef, ou sous l'obéissance
« d'un sénat ? Vous insultez encore à tous les
« Perses, en donnant à penser qu'il n'y a per-
« sonne parmi eux qui puisse les gouverner
« avec sagesse. Fidèle Gobrias, vous, à qui je
« n'ai jamais commandé avec l'autorité d'un
« roi, je vous conjure, au nom de l'amitié qui
« nous unissoit, ne vous opposez pas au bon-
« heur de la Perse. Choisissez un roi parmi les
« illustres guerriers qui m'ont suivi dans les
« combats. Tous sont dignes de régner ; que l'un

« d'eux monte sur le trône, qu'il marche contre
« nos ennemis, et qu'il affermisse, par ses vic-
« toires, un empire qui m'est redevable de son
« établissement et de sa gloire. »

JUGEMENT.

Décider sans retour du sort d'un peuple nombreux, prononcer sur son bonheur ou sur son
malheur par un arrêt irrévocable : quelle entreprise! Est-il rien au monde qui soit plus capable de faire naître l'irrésolution. Mais si la
nature d'une semblable cause a de quoi m'ef-
frayer, ne devient-elle pas encore plus embar-
rassante, par les raisons et les motifs sur lesquels chacun de vous vient d'appuyer son
sentiment? Quel parti prendre? et comment
discerner la vérité au milieu de ces opinions
contraires et soutenues par des raisonnemens
plausibles?

Le défenseur de l'état républicain a prétendu d'abord que, dans la délibération présente, les exemples prouvoient moins que les
raisonnemens. Nous convenons que des raisons solides peuvent servir à nous éclairer;
mais n'ont-elles pas besoin d'être appuyées par

des exemples, et s'il arrivoit même que les uns fussent contraires aux autres, peut-on douter que le parti le plus utile dans la pratique, ne soit préférable à celui qui a paru le plus avantageux dans la spéculation? Réduisons à trois les moyens dont il s'est servi pour défendre l'état populaire : la liberté qui règne dans les républiques, leur solidité inébranlable, et les puissans ressorts qu'elles peuvent employer pour porter les citoyens à l'amour du bien public. Telles sont les raisons qu'Otanes a regardé comme des armes victorieuses. Pour nous faire sentir le prix de la liberté, il a comparé la Perse à un esclave qui vient d'être délivré de ses fers. Le tableau de la tyrannie a servi de contraste à ce premier tableau; mais comme il a senti lui-même que le coup n'avoit porté que sur les mauvais rois, il s'est efforcé de nous convaincre, que tous ces excès étoient une suite nécessaire d'un pouvoir sans bornes. Nous désirerions que ses preuves eussent été aussi convaincantes, que son style était vif et animé; mais nous n'avons pu nous persuader que ces abus soient inséparables de la royauté. Bien différente de la monarchie, la république est, selon Otanes, le séjour de la liberté; le

temple de la concorde et de l'amitié, qui est le
fruit de cette égalité parfaite qui ne peut exister que dans les républiques. Pour nous prouver que l'état républicain n'est point sujet au
changement, il a parlé de toutes les révolutions des monarchies. Il a prétendu que les républiques étoient à l'abri d'une partie de ces
mutations, parce que le souverain n'y meurt
jamais. Sa preuve eût été complète, s'il eut fait
voir que ce souverain ne connoît ni la passion
ni la faveur; qu'il se gouverne toujours par la
raison et qu'il n'est jamais le déplorable ins-
trument de quelques scélérats. L'endroit où il
nous a paru le plus solide, c'est celui où il
a parlé des puissans mobiles qui font agir dans
les républiques, et s'il n'a pas entièrement
réussi à nous persuader que l'amour de la patrie n'existe que dans les républiques, il nous
a du moins convaincu que l'émulation qui y
règne peut y faire naître les plus grands hommes.

Le défenseur de l'aristocratie semble s'être
accordé avec Otanes pour confondre la monarchie avec la tyrannie. La question lui a
paru décidée, et il ne s'est plus occupé qu'à at-
taquer l'état républicain. La liberté, selon lui,
y est chimérique; et l'égalité, si vantée par

Otanes, n'y a jamais existé. Les exemples lui ont servi de preuves. L'état où est aujourd'hui la république d'Athènes, lui a fait tirer contre le gouvernement populaire une conclusion qui seroit encore plus juste, si en relevant avec raison les abus monstrueux qui y règnent, on n'avoit pas lieu de lui reprocher qu'il a fermé les yeux sur un grand nombre d'avantages qu'on ne sauroit contester à cette république. Passant ensuite à l'éloge de l'aristocratie, il a posé pour principe de politique autant que de morale, que le bien ne pouvoit être que dans un juste milieu. Sans s'embarrasser de ce qu'on pouvoit lui dire que ce milieu, lorsqu'il s'agit de gouvernement, est souvent un être de raison, il a fait l'application de son principe à la cause présente. Persuadé que la monarchie est une servitude, et la république, une espèce d'anarchie, il a cru qu'un sénat sage et prudent tenoit comme le milieu entre l'assemblée tumultueuse de tout un peuple, et le gouvernement d'un seul homme qui ne consultoit que son caprice; il a prétendu même que l'aristocratie étoit nécessaire, puisque tous les autres gouvernemens y avoient recours; il a cru la trouver dans le conseil-d'état des princes, et dans le sénat des républiques. Mais qu'il nous permette de lui faire observer que le conseil des princes et le sénat des républiques ne sont jamais que des conseils ou une magistrature; qu'ils n'ont jamais une autorité souveraine, et que par conséquent ils ne peuvent être assimilés en aucune manière au sénat aristocratique qui est le souverain de la nation.

Le défenseur de l'état monarchique, craignant qu'on ne l'accusât d'être le défenseur de la tyrannie, a eu soin de nous faire observer que celle-ci n'étoit que l'abus de la monarchie. Si nous l'en croyons, ses adversaires n'ont paru avoir quelque avantage sur lui, que parce qu'ils ont affecté de ne point voir cette différence. La question, selon lui, se réduit à comparer les abus avec les abus, et les avantages avec les avantages; et non pas, comme l'ont fait ses adversaires, à comparer les avantages des autres gouvernemens avec les abus de l'état monarchique. Sa réflexion nous a paru juste. Venant ensuite à la comparaison des abus, il n'a point dissimulé ceux de la monarchie. La tyrannie est le plus grand de tous, mais il a fait voir qu'un peuple ou un sénat, pouvoient aussi abuser de leur autorité, et

que l'abus en seroit d'autant plus dangereux,
qu'on n'auroit fait que multiplier les tyrans.
Les révolutions, au jugement de Darius, ne
sont pas aussi fréquentes dans les Etats héréditaires, comme la Perse, que dans les royau-
mes où la couronne est élective ; et dans les
autres états, l'élection d'un seul magistrat
peut bouleverser la république. Il lui restoit
à nous tracer de la monarchie un tableau plus
fidèle que celui qu'Otanes et Mégabyse nous
en avoient donné. Darius nous a fait voir son
origine dans l'autorité paternelle et son triomphe dans le règne d'un prince dont la gloire
sera éternelle et le souvenir toujours présent
à nos cœurs. Nous voyant émus au seul nom
de Cyrus, il nous a rappelé le discours que
ce héros nous tint au lit de la mort, et dans
lequel il acheva de nous convaincre qu'il avoit
toujours aimé ses sujets comme ses enfans ; et
comme si ce prince nous adressoit encore aujourd'hui la parole, Darius nous a conjuré au
nom de Cyrus, de ne point détruire son trône,
et de ne point faire cet affront à sa gloire. Nous
nous faisons un devoir de reconnoître ici que
Darius n'a été que le fidèle interprète de nos
sentimens, dans l'éloge qu'il a fait du meilleur

des rois, et si tous les princes ressembloient à Cyrus, la question qui nous occupe n'auroit pas même été agitée ; mais comme il n'est malheureusement que trop vrai que l'autorité a été quelquefois, entre les mains d'un prince, ce qu'est un glaive entre les mains d'un furieux ; l'amour que nous avons pour nos concitoyens, nous oblige d'examiner avec la plus grande attention, si le rétablissement de la monarchie ne leur sera point préjudiciable.

De grands avantages, mais des inconvéniens et des abus qu'on ne peut dissimuler ; de grandes ressources et des causes de destruction ; des sources abondantes de la félicité publique, et le germe de plusieurs maux, voilà ce que nous offre la monarchie. Lui préférerons-nous l'aristocratie ? La sagesse de ses lois semble d'abord nous promettre une marche uniforme et invariable : mais cet Etat, comme tout ce qui est mitoyen, conservera-t-il long-temps son équilibre ? Ne tendra-t-il pas toujours vers les extrêmes ? Ne dégénérera-t-il pas bientôt en tyrannie, de la part de quelques nobles, ou même d'un seul ? Ne pourra-t-il pas aussi arriver que la jalousie du peuple abaisse la puissance du sénat, pour y substi-

tuer l'État populaire? L'histoire des états aris-
tocratiques est-elle autre chose que l'histoire
des démêlés de la noblesse et du peuple, de
l'élévation et de la chute successive des patri-
ciens et des plébéiens, en un mot, de révolutions plus fréquentes encore que dans tous les
autres gouvernemens? L'état républicain a
bien de quoi flatter la passion qu'ont tous les
hommes de participer de quelque manière au
gouvernement. Le mot de *liberté* est comme
un signal de ralliement, qui attire tous les
hommes par des motifs bien différens. Le scé-
lérat n'y voit que la licence et l'impunité, le
sage y voit une heureuse indépendance et l'af-
franchissement de tout esclavage ; mais les
peuples ne sont-ils composés que d'hommes
sages ? Les hommes foibles , les hommes incapables de gouverner , les hommes avides de
biens, de places et d'honneurs , ne seront-ils
pas toujours le plus grand nombre ? Dans un
vaste empire , le danger de confier l'autorité à
la multitude, nesera-t-il pas infiniment grand?
Je dis plus , le gouvernement populaire y est-
il praticable ? S'il est vrai que partout où les
hommes s'assemblent, c'est un petit nombre
qui s'empare des délibérations , comme il se-

roit impossible de tenir une seule assemblée dans tout l'empire, il en faudra nécessairement plusieurs. Chaque province, chaque ville même deviendra bientôt une espèce de république mal organisée, et l'Etat ainsi morcelé, n'en imposera plus aux ennemis du dehors, et à peine pourra-t-on se concerter au dedans, pour comprimer les factions, pour faire régner partout l'abondance, et pour procurer à chaque citoyen la tranquillité et la sûreté, qui sont les premiers fruits qu'il a droit d'attendre de tout bon gouvernement.

Que les exemples achèvent de nous déterminer. Athènes détruisit la monarchie, après la mort d'un roi qui s'étoit sacrifié pour le salut de son peuple : en fut-elle plus heureuse? Dans les autres villes de la Grèce, qui sont gouvernées en république ou par un sénat, les plus sages ne regrettent-ils pas encore le temps où leur patrie avoit un roi? Pourquoi nous exposer à de semblables regrets? Pouvons-nous douter qu'il n'y ait parmi nous des hommes dignes de régner et de rendre les Perses heureux ?

Courons dans les temples des Dieux, conjurons-les de nous découvrir leur volonté par des augures favorables, et obtenons d'eux, par nos prières, que la Perse ne voie plus désormais sur le trône de Cyrus que des rois qui lui ressemblent par leurs vertus et par leur amour pour les peuples.

FIN.

ADDITION.

On sera sans doute bien aise de comparer ces Plai‑doyers avec les trois discours que l'on trouve dans Hérodote. Ils sont fort courts, mais ils renferment comme le germe des principales raisons que l'on peut apporter dans cette grande délibération. Nous em‑prunterons la traduction de M. Larcher, en faisant un très-petit nombre de changemens, qui nous ont paru nécessaires.

« Cinq jours après le rétablissement de la tranquil‑lité, les sept seigneurs qui avoient conspiré contre le mage, tinrent conseil sur l'état actuel des affaires. Leurs discours paroîtront incroyables à quelques Grecs : ils n'en sont pas moins vrais.

Otanes exhorta les Perses de mettre l'autorité entre les mains de tout le peuple.

« Je crois, dit-il, qu'on ne doit plus désormais con‑fier l'administration de l'Etat à un seul homme, le gouvernement monarchique n'étant ni agréable, ni utile. Vous savez à quel point d'insolence en étoit venu Cambyse, et vous avez éprouvé vous-même celle du mage. Comment, en effet, la monarchie pourroitelle être un bon gouvernement ? le monarque fait tout ce qu'il veut sans rendre compte de sa conduite. L'homme le plus vertueux, élevé au suprême pouvoir, perdroit bientôt toutes ses bonnes qualités. L'envie naît dans le cœur de tous les hommes, et tous les avantages dont jouit un monarque le portent à l'insolence. Quiconque a ces deux vices, a tous les vices réunis. Tantôt, dans l'ivresse de l'insolence, il commet les actions les plus atroces ; tantôt l'envie lui en fait commettre d'aussi horribles. Un tyran ne devroit pas connoître l'envie, puisqu'il possède tout ; mais c'est tout le contraire, et ses sujets ne le savent que trop par l'expérience. Il hait les plus honnêtes gens, et il paroît chagrin de ce qu'ils existent encore ; il n'aime que les méchans ; il prête volontiers l'oreille à la calomnie ; il accueille volontiers les délateurs ; mais, ce qu'il y a de plus bizarre, c'est que si on le loue avec modération, il s'en offense ; et si, au contraire, on le recherche avec empressement, il en est pareillement offensé, et il vous accuse d'une basse flatterie ; enfin (et c'est le plus terrible de tous les inconvéniens), il renverse les lois de la patrie, il attaque l'honneur des femmes, et fait mourir qui bon lui semble, sans observer aucune formalité.

« Il n'en est pas de même du gouvernement démocratique. Premièrement, on l'appelle *isonomie* (l'égalité des lois) (1), et c'est le plus beau de tous les noms.

---

(1) C'est le sens du vers de Phèdre : *Athenæ cum florerent æquis legibus.* Presque tous les traducteurs entendent par *æquis*

En second lieu, il ne s'y commet aucun de ces désordres qui sont inséparables de l'état monarchique. Les magistrats s'y élisent au sort; ils sont comptables de leur administration, et toutes les délibérations se font en commun. Je suis donc d'avis d'abolir le gouvernement monarchique, et d'établir le gouvernement populaire, qui ne laisse rien à désirer. »

Telle fut l'opinion d'Otanes. Mégabise parla après lui, et conseilla d'établir l'oligarchie.

« Je pense, dit-il, avec Otanes, qu'il faut abolir le gouvernement d'un seul, et j'approuve tout ce qu'il a dit à ce sujet; mais quand il nous exhorte à remettre la puissance souveraine entre les mains du peuple, il s'écarte du bon chemin, et il nous donne un conseil pernicieux. Quoi de plus insensé et de plus insolent qu'une multitude aveugle? En voulant éviter l'insolence d'un tyran, on tombe sous la tyrannie d'un peuple effréné : y a-t-il rien de plus insupportable? Si un roi forme quelque entreprise, c'est du moins avec connoissance. Le peuple, au contraire, n'a ni intelligence, ni raison ; et comment en auroit-il, lui qui n'a jamais reçu aucune instruction, et qui ne connoît ni le beau, ni l'honnête, ni même ce qui lui est le plus convenable. Il se jette dans une affaire, tête baissée, et sans jugement, semblable à un torrent qui entraîne tout ce qu'il rencontre sur son passage. Puissent les en-

---

legibus, des lois équitables; mais ils devoient mettre: *des lois qui faisoient régner l'égalité entre les citoyens.*

nemis des Perses essayer de la démocratie ! Pour nous, faisons choix des hommes les plus vertueux, et mettons la puissance entre leurs mains. Nous serons nous-mêmes de ce nombre (1), et, suivant toutes les apparences, des hommes sages et éclairés ne donneront que d'excellens conseils. »

Tel fut l'avis de Mégabise. Darius parla le troisième, et proposa le sien en ces termes :

« L'avis de Mégabise contre l'aristocratie, me paroît juste et plein de sens. Il n'en est pas de même de ce qu'il avance en faveur de l'oligarchie. Les trois sortes de gouvernemens que l'on puisse proposer, le démocratique, l'oligarchique et le monarchique, étant supposées aussi parfaites qu'elles peuvent l'être, je dis que l'état monarchique l'emporte de beaucoup sur les deux autres ; car il est constant qu'il n'y a rien de meilleur que le gouvernement d'un seul homme, quand il est homme de bien. Un tel homme ne peut manquer de gouverner ses sujets d'une manière irrépréhensible. Les délibérations sont secrètes, et les ennemis n'en ont aucune connoissance. Il n'en est pas ainsi de l'oligarchie. Ce gouvernement étant composé de plusieurs personnes qui cherchent à se distinguer, il naît ordinairement entr'elles des inimitiés particulières et très-grandes ; chacun veut l'emporter ; chacun veut que son opinion prévale. De là les haines réciproques et

____

(1) La réflexion est assez plaisante ; elle devoit du moins être plus modeste.

les séditions : des séditions on passe aux meurtres, et
des meurtres on revient ordinairement à la monarchie.
Cela prouve combien le gouvernement d'un seul est
préférable à celui de plusieurs. D'un autre côté, quand
le peuple commande, il est impossible qu'il ne s'intro-
duise beaucoup de désordres dans un Etat. La corrup-
tion, une fois établie dans la république, ne produit
point de haines entre les méchans ; elle les unit au
contraire par les liens d'une étroite amitié ; car ceux
qui perdent l'Etat agissent de concert et se soutien-
nent mutuellement. Ils continuent toujours à faire le
mal, jusqu'à ce qu'il s'élève quelque grand personnage
qui les réprime, en prenant autorité sur le peuple.
Cet homme se fait admirer, et l'admiration qu'on a
pour lui en fait un monarque : ce qui nous prouve encore que le gouvernement monarchique est le meilleur. Mais, pour tout dire en peu de mots, d'où nous
est venu la liberté ? de qui la tenons-nous ? du peuple ?
de l'oligarchie ? ou d'un monarque ? Puisqu'il est vrai
que c'est par un seul homme que nous avons été déli-
vrés de l'esclavage, je conclus que nous devons nous
en tenir au gouvernement d'un seul. D'ailleurs, on ne
doit point renverser les lois de la patrie, lorsqu'elles
sont sages ; cela seroit très-dangereux. »

Nota. Dans le Discours préliminaire du Juge, et
dans le Discours de Darius, il est parlé *des temples des
Dieux* ; je m'étois trompé, et il est certain que les
Perses n'adoroient qu'un seul Dieu. Le culte que
Zoroastre et les Perses rendoient au soleil, dont *Mi-*

thrä n'étoit que l'emblême, se rapportoit à Dieu. Il n'est pas si aisé de justifier Zoroastre sur son système des deux Principes, celui du *Bien* et celui du *Mal.*

Voyez HYDE, *Traité de la Religion des anciens Perses*, et un autre Traité beaucoup plus estimé, qui se trouve dans les *Mémoires de l'Académie des Inscriptions*, et qui est de M. l'abbé FOUCHER (né à Tours en 1704. Il entra dans la congrégation de l'Oratoire, vers 1722, et fut reçu de l'Académie des Inscriptions en 1753. Il est mort en 1779.)

Ajoutons seulement qu'on peut se faire une idée de la religion des mages et des Perses, par la sublime définition de Dieu, que donne Zoroastre. Eusèbe, qui n'est point suspect, et qu'on ne peut pas accuser d'être trop favorable aux païens, l'a tirée d'un livre de Zoroastre, intitulé : *Recueil sacré des Monumens Persans*, qui existoit de son temps. Voici cette définition :

« Dieu est le premier des incorruptibles, éternel, « non engendré ; il n'est point composé de parties ; il « n'y a rien de semblable à lui ; il est auteur de tout « bien, désintéressé, le plus excellent de tous les êtres « excellens, et la plus sage de toutes les intelligences ; « le père de la justice et des bonnes lois, instruit par « lui seul, suffisant à lui-même, et le premier produc- « teur de la nature. »

Chez les philosophes persans, la nature ne signifie, avec raison, que les êtres créés. Dans Buffon et dans nos philosophes modernes, c'est une espèce de divinité, ou plutôt, un mot qui n'a aucun sens.

ADDITION.

On ne sauroit trop répéter que plusieurs argumens dont se servent *Otanes* et *Mégabise*, pour combattre la monarchie, n'ont pu séduire, dans plusieurs siècles, que des hommes peu éclairés, ou de mauvaise foi, qui ont confondu, par ignorance, ou à dessein, la monarchie avec la tyrannie.

Je ne connois personne qui ait mieux établi la différence qu'il y a entre l'un et l'autre, que le célèbre *Bodin*, dans ses livres *de la République*, et je demanderai la permission d'emprunter de lui quelques traits des deux grands tableaux qu'il nous en a tracés. Je me sers de l'édition de 1583, et je conserverai fidèlement la naïveté de ses expressions.

« La plus noble différence du roy et du tyran, est
« que le roy se conforme aux loix de nature, et le ty-
« ran les foule aux pieds. L'un entretient la piété, la
« justice et la foy : l'autre n'a ny Dieu, ny foy, ni loy.
« L'un fait tout ce qu'il pense servir au bien public, et
« tuition (défense, protection) des subjects : l'autre
« ne fait rien que pour son proffit particulier, ven-
« geance ou plaisir. L'un s'efforce d'enrichir ses sub-
« jects par tous les moyens dont il se peut adviser :

« l'autre ne bastit sa maison que de la ruine d'iceux.
« L'un venge les injures du public, et pardonne les
« siennes : l'autre venge cruellement ses injures, et
« pardonne celles d'autruy. L'un prend plaisir d'estre
« adverti en toute liberté, et sagement repris, quand
« il a failli : l'autre n'a rien plus à contre-cœur, que
« l'homme grave, libre et vertueux. L'un s'efforce de
« maintenir les subjects en paix et union : l'autre y
« met tousjours division, pour les ruiner les uns par
« les autres, et s'engraisser de confiscations. L'un
« prend plaisir d'estre veu quelques fois, et ouï de ses
« subjects : l'autre se cache tousjours d'eux, comme
« de ses ennemis. L'un fait estat de l'amour de son
« peuple : l'autre de la peur. L'un ne craint jamais que
« pour ses subjects : l'autre ne redoute rien plus que
« ceux-là. L'un ne charge les siens que le moins qu'il
« peut, et pour la nécessité publique : l'autre hume le
« sang, ronge les os, succe la mouëlle des subjects,
« pour les affoiblir. L'un cherche les plus gents de
« bien, pour employer aux charges publiques : l'autre
« n'y employe que les larrons et plus meschants, pour
« s'en servir comme d'esponges. L'un mesure ses
« mœurs et façons au pied des loix : l'autre fait servir
« les loix à ses mœurs. L'un est aimé et adoré de tous
« ses subjects : l'autre les hait tous, et est haï de tous.
« L'un s'esjouit d'un repos asseuré et tranquillité
« haute : l'autre languit en perpétuelle crainte. L'un
« est honnoré en sa vie, et desiré (regretté) après sa
« mort : l'autre est diffamé en sa vie, et deschiré après
« sa mort. Il n'est pas besoin de vérifier cecy par beau-

« coup d'exemples, qui sont en veuë d'un chacun......
« Toutes les histoires anciennes sont pleines de sem-
« blables exemples, qui monstrent assez que la vie des
« tyrans est tousjours assiégéé de mil et mil malheurs
« inévitables. Le gouvernement du monarque royal
« est du tout contraire au tyrannic (tyrannique) : car
« le roy est tellement uni avec ses subjects, qu'ils em-
« ployent volontiers leur bien, leur sang et leur vie,
« pour la tuition et défense de son Estat, de son hon-
« neur et de sa vie : et après sa mort ne cessent d'es-
« crire, chanter, et publier ses louanges, et les am-
« plifier tant qu'ils peuvent : comme nous voyons en
« *Xénophon* le pourtraict tiré au vif d'un grand et
« vertueux prince sous la personne de *Cyrus*...... Qui
« est le tyran si cruel, quelque bonne mine qu'il face,
« qui ne désire à pleins souhaits l'honneur que receut
« le roy *Agésilaus*, alors qu'il fut condamné à l'amende
« par les éphores, pour avoir dérobé le cœur, et gai-
« gné tout seul l'amour de tous ses citoyens ? Qui est
« le roy qui ne souhaite le nom d'*Aristide le Juste* ?
« tiltre le plus divin et le plus royal que jamais prince
« sçauroit acquérir ; au lieu que plusieurs se font ap-
« peller *conquérans, assiégeurs, foudroyans.* Voilà
« les différences les plus remarquables du roy et du
« tyran. »

FIN.

A. ÉGRON, IMPRIMEUR

DE S. A. R. MONSEIGNEUR DUC D'ANGOULÊME,

rue des Noyers, n. 37.